말의 질주는 푸르다

2012 변방 제27집

말의 질주는 푸르다

강세화 · 문 영 · 박정옥 · 박종해 · 배정희
신춘희 · 임 윤 · 장상관 · 최일성

詩와에세이

2012

서문

변방 동인의 새로운 길—2세대를 중심으로

변방 동인 결성 후 여러 곡절을 거치면서 어느덧 30년이란 세월을 넘어섰다. 그동안 몇 번의 결간이 있었지만 그럼에도 불구하고 제27집이 간행된 것은 박종해 시인을 비롯한 변방 창간 1세대 동인들의 노력과 정성이 있었기 때문이다. 그동안 노고에 감사를 드린다.

올해는 새로운 동인을 영입함으로써 그들에게 변방의 맥을 잇고자 한다. 이런 맥락에서 임 윤과 장상관, 박정옥 시인의 합류는 변방 동인과 시단에 활력을 가져올 것이다.

그들은 시 작업에 대한 오랜 수련으로 탄탄한 기반을 쌓았다. 이에 더하여 푸념이나 감정 과잉이 적은 언어 사용이 그들의 시를 신뢰하게 한다. 또한 시대의 변화와 시의 흐름을 파악하면서 시와 문학에 대해 존중과 진정성의 자세를 유지해온 시인들이다. 그들의 시가 변방 동인 활동을 통하여 더욱 깊고 넓은 시세계를 이루길 바란다.

동인들의 시 작품 79편과 문 영 시인의 평론 등단작 1편을 실어 독자들에게 선보인다. 독자들의 많은 질정과 해량을 바란다.

2012. 12

변방 동인 일동

차례__

신춘희

임 윤

장상관

최일성

강세화

눈치졸업선언

이제부터 아무튼지 눈치는 안 보기로 했다.
애먼 눈치 살피다가 세월만 허비하고
늦었지만 다시는 눈치에 갇히지 않겠다.
맘에 없이 안고 있던 지질한 것들은 작별하고
체면을 돌보느라 흘끔거리지 않겠다.
시시하게 지망지망 흔들리지 않고
이 사람 저 사람 참견은 바로바로 돌려보내고
눈치놀음에 정신 팔다가 안타깝게 놓쳐버리지 않겠다.

꿈꾸는 바위그림

그대로 한자리에서
찹찹하게 겹겹이 늙어버린 적막이
육중한 몸을 펼쳐 기지개를 켜면서 햇살을 바라보고 있다.

별안간에 눈알이 노래진 나비는
숲 속에서 꼬물거리는 기척을 느끼고
눈부시게 깨어나는 장면을 살펴보고 있다.

사슴과 여우와 늑대와 그리고 멧돼지와 호랑이와
새끼를 업은 귀신고래와
해와 달과 구름과 바람과 부지런한 사람들이 어우러져
멀지 않은 곳에서 신명을 살리고
새벽마다 몸을 세우고 춤추는 사람.

아무 데서나 모양 나게 몸을 흔들면서
하느님 상제님 신령님 산천이 울리게 불러대고

멧돼지는 안은 채로 호랑이는 품은 채로
당당하게 떳떳하게 생생하게 기운을 뻗치고 있다.

지금 숲에는 꽃피고 새들과 짐승들이 노래하는 겨를
에
한차례 바람이 지나는 소리 들리고
물살을 가르고 작살을 겨누며
힘줄 불거진 사내는 팔뚝을 번쩍 들고
울퉁불퉁 숨소리를 뿜어내고 있다.

돌아눕지 않는 맘자리가 있고
몸으로 지켜야 할 우렁찬 핏줄이 있고 살맛이 있고
끌리는 대로 살피는 눈빛이여
착하게 살아있는 얼굴이여.

생강나무꽃 피는 산길로 노을빛을 머리에 이고
바다에서 돌아오는 발자국을 따라
그늘이 내리고 어둠 속에 전두리가 잠잠해지면

실한 숨소리와 다정한 바람과 얌전한 구름과 사근사근한 물결과
길쭉한 별들이 껑충껑충 몰려나와 춤을 추겠지.

고요히 엎드려 기다리던 적막은
노랑나비 움파 같은 차림새에 홀리겠지.
이내 정신 차리고 몸을 일으켜 찰방찰방 소리 내면서
물을 건너서 걸어오겠지.

아득하여라 꿈꾸는 저 바위그림.
어딘지 모르는 곳에서는 별이 지고 바람이 일고
맨눈에는 잘 보이지 않는 깜깜한 쪽에서 살던 사람들이
들어보지 못하던 노래를 부르면서 몰려나오고 있다.

울타리 두른 하늘에
시간이 모여드는 기색을 알아채고
짬짬이 쉬엄쉬엄 이끼를 기르던 그림자가 흔들리고

있다.

바람과 숨소리와 흐르는 물빛이 눈짓을 나누고
어디서 북소리 울리고
꿈자리 밖에서는 와와 소리도 들리고
속으로 생각이 깊은 바위그림이 꿈적꿈적하고 있다.

떠나고 싶은 날

아무 데나 훌쩍
떠나고 싶은 날이 있다.
구태여 꼼꼼하게
준비를 하지 않으면 어떤가.
내 맘대로 바람을 일으켜
꽃잎처럼 노닐고 싶다.

그런 날은 몸에서
무엇이 꿈틀거리는 꿈을 꾼다.
땅속 씨앗이 마침내
눈을 뜨고 내다보듯이
아주 먼 데까지
말을 붙이며 다니고 싶다.

미련한 짓

보람 없는 시 쓴다고 애쓴다.

같잖은 말 듣고 있느라 애쓴다.

소득 없는 일 때문에 애쓴다.

애써도 잡을 수 없는데 애쓴다.

차마 못 버리고 내내 애쓴다.

생일 밥을 먹다가

애쓰고 용쓰고 참으며
근근이 밍밍하게 어영부영 살면서
동네 한 바퀴 돌고 와 생일상을 받아놓고 문득
이때껏 부질없이 헤매다가 온듯하여
공연히 쑥스럽다.

선선히 내키지는 안 하지만 돌이켜보면
어이없이 별스런 일도 만나고
그러다가 욱하는 때도 있었고
더럭더럭 버거운 생각도 하면서

나날이 후회스러워도 억지로 평온하게
겉으로는 여유를 부리면서
어지간히 물리게 겪었으니 이담에는 일마다
안팎으로 두루두루 무탈했으면 하고
마음을 다독인다.

일쑤 거북한 꼴을 못 피하고 살다 보니

시답잖게 언짢은 말도 들리고
가다가는 운다는 날도 걸리고
드문드문 고마운 마음도 내면서

이리저리 휘둘리고 어질어질 노상 떠밀리면서
일마다 요동치는 생각을
헐떡헐떡 지우고 치우고 뜬금없이
가물가물 지나쳐온 날들이 목에 걸려
허허하고 짠하다.

진하해변

지금은 사정이 많이 달라졌지만
오래전 그때는
모래밭을 지나서 해당화가 햇살처럼 피어있었고
얼굴이 보얀 소녀는
꽃을 보면서 낯붉히곤 했습니다.

날마다 소녀는
모래밭 끝에서 수평선까지 이르는
길을 만들고
물새 한 마리가 묵묵히 그 길을 따라가곤 했습니다.

따로 말 안 해도 바다는 그 마음을 알아서
아무나 모르는 곳에 맡아두고
이따금 한 번씩
옛날 사진처럼 보여주곤 합니다.

실은 그것은
물결치는 소리에도 온전하게 들어있고

오래된 솔바람에도 걸려있어서
아무 때나 생각나면
슬그머니 그곳에 가서 가만히 보고 오곤 합니다.

벽에 기대어

우리는 암만해도 같은 태생인가 봐.
속으로만 궁리가 깊은 것이 영판 닮았어.

어느 해거름 외로움이 겨울 때
속옷이 부실해서 여윈 몸이 쩔쩔맬 때
공연히 무서움이 엄습해올 때
낯선 생각이 길을 못 찾고 두리번거릴 때
엷은 햇빛이 얼마 남지 않았을 때

우리는 속사정이 같은 취향인가 봐.
따짝따짝 숨을 참는 모양이 정말 똑같아.

간혹 너의 등을 빌리고 싶어.

친구

세월이 친구하자고 다가왔다.
서로 트고 지내도 괜찮을 나이가 되었다고
말을 걸었다.

이제는 허물없이 어울려도 무방할 거라고 털어놓았다.
공연하게 언짢은 생각하지 말자고 했다.
사소한 일로 등지지 말자고
그랬다.

마주하고 바라보기에 민망했다.
부끄러운 생각이 떠올랐다.
재바르게 내가 먼저 손 내밀 수 있었는데.

반갑기도 하고
미안하기도 하고
하여간 무슨 말이라도 하기는 해야겠는데
속마음을 들킨듯하여 쑥스럽다.

헛웃음이 나올 때가 있다

밑도 끝도 없이 울컥
화가 치밀어오를 때가 있다
무턱대고 아무 데나
털썩 주저앉고 싶을 때가 있다
물살을 따라 흐르는 노릇도
재미없어 공연히 먼 데를 살피면서 느슨하게
딴청을 피우고 싶을 때가 있다
곱게 발을 빼기도 힘들어
불현듯이 세상을 대하기 송구하고
잔뜩 찜찜할 때가 있다
잔꾀를 부리고 뻔뻔하게 설치다가
한길에서 제 발에 걸려
요란하게 넘어지는 꼴을 보고 싶을 때가 있다
생각이 가지를 치다가 막연하게
드러눕고 싶을 때가 있다
이판사판 체면도 염치도 없이
억지를 부리고 싶을 때가 있다
눈치 없이 경우 없이 세상에 못할 짓은

엄두도 못 내면서 무단히
가슴을 치고 싶을 때가 있다
무고하게 한가하게 허름하게 시장하게
미련을 안 버리고 대들었던 일들이 문득문득 떠올라
시도때도없이 부끄러울 때가 있다
눈뜨고 꿈꾸는 놀이에 열중하다
생뚱맞게 자꾸자꾸
헛웃음이 새나올 때가 있다

칼

어두운 데서 난 배경도 엉큼한 성향도 감추고
잘난 척하는 재미로 도깨비를 섬기는 종족이 있다.
무허가로 대문짝만한 이름표를 만들어 붙이고
별나게 칼날을 입에 물고 나대는 푼수들이 있다.
만만한 자리를 찾아다니며 행티를 내놓고
마구 설치면서 고약한 궁리를 소신이라 우긴다.

시러베장단에 놀아나다 멀쩡하게 병이 깊어도
입속에 감춘 칼이 화근인 줄 모르는 망종들이 있다.
천생 비겁한 낯짝에는 탈바가지 가면을 쓰고
타이르고 구슬려도 좀처럼 숙이지 않는 불통이다.
깐깐하게 기세부리며 잠시도 늦추지 않고
아망 떠는 꼴값은 보아주기가 여간일이 아니다.

문 영

등대

밤바다의 등대가
불을 켜고 책을 읽는다

하늘엔 별빛
가슴엔 불빛

불의 눈빛이 닿는 자리마다
바다의 책장을 넘기는 바람이 분다

눈의 불빛이 지나는 걸음마다
우주가 살아가는 것을 숨 쉰다

책 읽는 사람이 등대다

동백 포구

새벽안개 걷히고
아침 햇살 바다에서 걸어오면
갈매기 흰 등이 물살 치리

너울너울, 바다가 해안으로 몰려오면
동백꽃잎에 타는 초록 숨결 있어
길 떠난 배들도 돌아오리

피맺혀 몽우리 진 꿈꽃
만나면 서러울 소망꽃
소금바람에 더욱 붉어지리

저녁이 물드는 쪽 어디선가에
호오~잇 호오~잇 팔색조도 함께
날아서 안기리

시인의 공부법
—故 김규동 선생

홀로 남아 버티는 느티나무에 방점 찍어
졸시 답서 보내온 노(老)시인의,

시인은 숨어라
마중혼 맞을 때
지용 시인의 공부는 숨는 것

담배와 시각(詩刻)에 숨구멍을 태워
나비는 하늘 광장에서 고요
망치와 끌과 나무에 통일 어머니를,
뼛속까지 시와 평화를 새겨두고
하얀 그림자 꽃그늘로 잠적

아, 시인은 홀로 견디며 숨어야

운문(雲門)에서

바람만 흘려보내는
구름문 안에 무엇이 있다는 걸까
나이 들수록 길눈 어두워짐은
마음에 건 빗장 때문이리
아니라면 운문이 어떻게
꼬부라진 길을 청도에 이르게 했겠는가
그게 아니라면 과수원 대추나무는
어찌하여 붉은 옥을 매달고 햇살 아래
반짝반짝 출렁이겠는가

마음이 세상을 잘못 읽어 헤매일 때
운문사 소나무숲 설법을,
늙은 느티나무의 노래를 듣는 것인데
하얀 배롱나무는 왜 불이문(不二門) 앞에서 피고
처진 소나무는 어째서 평생 가부좌를 틀고 있는지를
묻기도 하는 것인데
그러면, 아프고 병들어 있는
내 슬픔이며 외로움이며 하는 것들이

구름문에서 밝고 맑은 길을 외우는 것인데

한숨이 저녁 어스름을 덮고
나는 구름문 밖에서 서성일 때
곡기의 날들을 푸성귀로 채우고 용맹정진한다면
과연 운문(雲門)이, 청도(淸道)를 보여줄 것인가

낙지

수족관 속 너를 만나고 온 날
내 다리 붙들어 새벽에 깨어나면
꿈 아닌 기억, 유리창에 꼼지락거리고,
도시를 떠도는 남해바다 적조(赤潮)의 세월
그해 여름 뻘밭에서 끌려온 너를 두고
소금 절인 시간이 웅성웅성거렸다.
"아이고, 내 자식 장가간 지 며칠 된다꼬"
"물방울 거품 게워내더니, 흑흑"
"우째, 이런 일이"
"신부가 밤마다 도시 나가 살자고 다투었다나, 그러다가…"
"새각시, 고게 요물잉기라, 고게 잡아 뭉기라요"
"아따, 그 주디이 좀 몬닥치나, 어데서 함부로 놀리고 있노"
"…………………"

새벽 스모그 피어나는 수족관 도시에
자기 목 조르는 연체동물을

너 보고 있니
보고 뭘 아니?
도시 벽 타고 오르는 거품 덩어리를
무엇을 할 수 있니?
모두가 마취되어 아무도 아프지 않은
삶의 거품에 본드 칠하는 것
그런 넌 누구지?
환각의 빨판으로 꿈틀거리다 잘리는 것
아, 아니지 이게 아니지
생을 쌩 까면서 물 먹는
너는 나이고, 나는 너이지

슬도(瑟島)의 노래

시간은 삶의 옷을 바꾸지만
슬도는 섬일 뿐 변하지 않는다
단지 바다를 보듬고 파도를 출렁이게 할 뿐
보이지 않는 것을 보여줄 뿐
슬도는 슬도다

비바람은 바다를 건강하게 하고
뜨거운 햇살은 생명을 풍성하게 한다고
슬도는 노래하지 않는가
움직이면서 움직이지 않는,
움직이지 않으면서 움직이는 것이
있다고 말하지 않는가

변하면서 변하지 않는,
변하지 않으면서 변하는 노래있어
어둠 속에서 빛 뿌리는 등대있어
슬도가 어찌 우리의 사랑, 아니겠느냐
그렇지 않으냐, 목숨들아

나날이 새롭게 나아가야 할 길들아

시평

경이의 발견과 높이 뜬 깨달음/깨침의 시
—김종길 선생의 시세계

문학은 진정성에 이르는 과정이다. 우리가 깨달음 앞에 고개 숙이는 것은 진정성을 귀하게 여기기 때문이다. 문학에서의 진정성은 삶에 대한 깊이 있는 통찰에서 비롯된다. 김종길 선생의 최근 시는 삶에 대한 깨달음과 통찰을 잘 보여주고 있다. 신기할 것도 없어 보이는 나날의 생활 속에서 발견하는 경이의 순간을 노래한 「경이로운 나날」이 그 같은 예이다.

> 경이로울 것이라곤 없는 시대에
> 나는 요즈음 아침마다
> 경이와 마주치고 있다.
>
> 이른 아침 뜰에 나서면
> 창밖 화단의 장미 포기엔
> 하루가 다르게 꽃망울이 영글고,

산책길 길가 소나무엔
새순이 손에 잡힐 듯
쑥쑥 자라고 있다.

해마다 이맘때면 항다반으로 보는
이런 것들에 왜 나의 눈길은 새삼 쏠리는가.
세상엔 신기할 것이라곤 별로 없는 나이인데도.

—「경이로운 나날」 전문

이 시에는 인생살이 쓴맛과 단맛을 다 겪은, 세상엔 신기할 것이라곤 별로 없는 노년에 느끼는, 경이의 비밀이 숨겨져 있다. 그것은 보잘것없이 보이는 '영그는 장미의 꽃망울' 과, '쑥쑥 자라는 소나무의 새순' 에서 발견하는 생명에 대한 경이다. 경이의 발견은 단순히 물리적 시간인 나이로 얻어지는 것은 아니다. 꽃이 아픔 끝에 피어남을 노래한 「아픔」이란 시에서 보듯이 "그 지루한 인내를 지켜보고서야/비로소 그것을 알게 되었다."는 깨달음이 담겨있다. 생명의 개화가 아픔과 인내의 과정에서 비롯된다는 깨달음이 바로 그것이다.

사람들은 꽃을 좋아하지만
그것이 얼마마한 아픔 끝에

피어나는지 제대로 알지 못한다.

나도 이 나이가 되어서야
비로소 그것을 알았다.

초봄부터
뜰의 철쭉 포기에서
꽃망울들이 애처롭게, 애처롭게

땀나듯 연두빛 진액을 짜내던
그 지루한 인내를 지켜보고서야
비로소 그것을 알게 되었다.

—「아픔」 전문

그런데 김종길 선생의 시 「아픔」에는 사물과 생명에 존재하는 아픔과 인내가 애처로움의 정서를 동반하고 있다는 사실이다. 유종호 선생이 선생의 시집 『해거름 이삭줍기』의 해설에서 "삼라만상에 대한 자비"라고 한 '애처로움'은 생명에 대한 따뜻한 애정이 내장되어 있다. 이것을 발레리가 "우주적 감각"이라 말한 어사를 빌려 말한다면 '우주적 연민'이라 말할 수 있으리라.

한편으로 아픔을 인내하면서 살아가는 생명은 시련과

소멸을 맞이한다. 이 또한 살아가는 존재가 겪는 삶의 다른 모습이다. 살아있는 생명이 겪는 시련과 소멸에 대해 애정과 연민을 보여주는 시편이 「아침일과」와 「올여름 꽃들」이다.

> 오늘은 말복이자 입추.
> 연전에도 이 두 절후가 겹친 날이 있었지만,
> 금년은 18년 만의 폭염을 겪은 다음이라
> 무슨 겹경사라도 맞이한 듯 더욱 반갑다.
>
> 뜰 한 귀퉁이 고무대야를 묻은 연못에는
> 널따란 푸른 잎새 위에 두 개의 연밥 줄기가
> 꾸부정하게 솟아 있을 뿐, 흰 꽃들은
> 지나가는 소나기에 저버린 지 오래다.
>
> 그 옆 울창한 감나무에선 연신 떨어지는 땡감.
> 그 땡감들을 밟으며 뜰 한구석 수도꼭지로 가서
> 푸른 고무호스로 연못에 물을 채우는 것이
> 요즈막 나의 아침일과다.
>
> —「아침일과」 전문

폭염 뒤에 맞이한 두 절후(말복, 입추)에 대한 찬탄은

흰 꽃의 소멸로 시선이 옮겨진다. 아픔과 인내의 속성을 가진 생명이 소멸한다는 것은 우주적 연민의 대상이다. 그러한 대상에 대한 따뜻한 애정이 "푸른 고무호스로 연못에 물을 채우는" 행위로 나타난다. "흰 꽃"인 백(白)과 "푸른 고무호스"의 청(青)의 시각적 이미지의 대비로 그런 느낌이 선연(鮮然)하다.

마찬가지로 능소화와 옥잠화의 소멸과 시듦을 노래한 「올여름 꽃들」에서도 우주적 연민의 정서가 담겨있다. 감정의 물기가 전혀 드러나지 않은, 여름의 꽃들이 지거나 시드는 풍경이 정물화처럼 그려진 시이다. 그러나 감정의 절제가 미덕인 선생의 시는 드러난 부분보다는 드러나지 않는 부분을 해독해야 비로소 시의 진미(眞味)를 느낄 수 있다. 즉 말하는 것보다 말하지 않은, 숨겨진 것(陰畵)이 중시된다.

이 시에서 겉으로 드러난 여름꽃들이 "피자마자 지거나 시드는 것"은 "가뭄과 폭염 탓"이란 시인의 전언(傳言)만을 듣는다면 피상적 감상에 지나지 않는다. 시의 풍경에서 숨겨진 것을 읽는다면 능소화가 "피기가 무섭게 지기 시작하고"라 했을 때, "무섭게"란 시어에 담긴 미묘한 감정을 만난다. "무섭게"란 시어는 사전적인 의미가 아닌, 안타까움과 찰나적인 시간의 무상성 등의 감정이 느껴진다. 또 다른 음화(陰畵)는 "암팡진 푸른 잎방석"과

"청순한 흰빛 꽃송이"에서 보듯이 청(青)과 백(白)의 시각적 이미지가 대비된 "옥잠화"에서 감지(感知)되는 정서이다. 최근 김종길 선생의 시에 자주 등장하는 백(白)의 이미지는 노년의 정서를 대변한다. 가령, 이승을 떠난 벗들에 대한 상념을 보여주고 있는 「흰꽃」에서, "모두들 녹음을 배경하여/흰 꽃을 소담하게 피웠다가/더러는 벌써 지기 시작하네.//흰 꽃은 늙은이들,/또는 죽은 이들에 어울리는 꽃./올해는 나 혼자 이곳에 남아//그 꽃을/보네."라고 했을 때 감응되는 정서이다. 노년은 소멸과 시듦을 절실하게 느끼는 나이이다. 그것의 이미지화가 "흰꽃"이다. 「흰꽃」의 시는 나 혼자 남아 "흰 꽃"을 바라보는 외로움과 죽은 벗에 대한 그리움과 쓸쓸함이 음화로 새겨져 있다. 그러니까 「올여름 꽃들」에서 옥잠화의 흰 꽃송이가 "노파의 손가락"에 비유된 것은 노년에 느끼는 시인의 감정을 절묘하게 드러내고 있는 셈이다.

칠월이 오면 보란 듯이,
옆집 담장을 뒤덮던 능소화가
금년엔 피기가 무섭게 지기 시작하고,

내 뜰의 자목련나무 그늘,
암팡진 푸른 잎방석 사이로 내밀던

옥비녀라는 이름의 청순한 흰빛 꽃송이도

금년엔 한 달이나 늦게, 그것도
시들은 잎새 사이로, 노파의 손가락 같은
꽃송이를 내밀고 있다.

능소화든 옥잠화든 이렇게 제때를 넘기고,
피자마자 지거나 시드는 것은
모두 올여름의 가뭄과 폭염 탓이다.

—「올여름 꽃들」 전문

우주적 연민인 애처로움과 안타까움, 외로움과 그리움 등은 삶과 생명에 대한 애정의 발로이다. 고전(古典)이 된 선생의 시 「성탄제」는 성스러운 가족의 진풍경을 보여주고 있지만, 이 시에 나오는 '할머니와 아버지'가 "애처로이 잦아드는 목숨"에 대해 가지는 마음 또한 우주적 연민이리라.

사소한 일상에서 건져 올리는 선생의 언어가 이처럼 빛을 발하는 이유는 우주적 연민을 바탕으로 한 경이의 발견이면서 동시에 생명이 가진 아픔과 인내의 속성에 대한 깨달음이 들어있기 때문이다. 이 같은 깨달음은 김종길 선생 시의 특장(特長)인 절제된 감정과 명징한 이미지 구사에 의해 감동의 울림이 심화된다.

절제는 인내를 요구하지만, 그것은 또한 시작태도와도 관련이 있다. 선생의 시작태도는 삶과 시의 관계를 말한 데서 찾을 수 있다. 김종길 선생이 박종해 시인의 시집 『하늘의 다리』 서문에서 "시는 현실과 무관하지 않으면서도, 현실 그 자체는 아니니다. 따라서 시인에게 중요한 것은 시를 쓸 때, 삶이나 현실로부터 적당한 거리를 유지하는 일이다. 그 거리가 너무 가까우면 몰풍경하거나, 구질구질해지기 쉽고, 너무 멀면, 허황하여 참답게 들리지 않을 수 있다."고 한 말이다. 삶과 시의 관계를 명징하게 밝히고 있는 이런 시작태도가 시에서 절제된 감정과 언어를 낳는다. 이런 까닭으로 인해 김종길 선생의 우주적 연민에 바탕을 둔 경이의 발견과 깨달음의 최근 시편 또한 고고의 시편들처럼 정갈하면서도 고전적 품격을 지닌다.

요설과 감정 과잉의 시가 범람하는 오늘날 한국 시단에 김종길 선생의 시는 절제된 감정을 드러내 보이는, 최상의 시를 보여주고 있다. 고고함의 정신적 경위(境位) 높이를 염원하는 「孤高」나, 육사의 정신을 내면화하여 자신의 시 정신의 분신으로 이미지화한 「솔개」는 대표적인 예이다.

北漢山이

다시 그 높이를 회복하려면
다음 겨울까지는 기다려야만 한다.

밤사이 눈이 내린,
그것도 白雲臺나 仁壽峰 같은
높은 봉우리만이 옅은 化粧을 하듯
가볍게 눈을 쓰고

왼 산은 차가운 水墨으로 젖어 있는,
어느 겨울날 이른 아침까지는 기다려야만 한다.

新綠이나 丹楓,
골짜기를 피어오르는 안개로는,
눈이래도 왼 산을 뒤덮는 積雪로는 드러나지 않는,

심지어는 薔薇빛 햇살이 와 닿기만 해도 變質하는,
그 孤高한 높이를 회복하려면

白雲臺나 仁壽峰만이 가볍게 눈을 쓰는
어느 겨울날 이른 아침까지는
기다려야만 한다.

—「孤高」 전문

고고는 백운대나 인수봉이 옅은 화장을 할 때 신록이나 단풍, 안개와 적설로 화장하지 않은 겨울날 북한산 높이다. 그런데 이 시에서 고고한 높이는 인내에서 비롯된다는 깨달음이 들어있다. "기다려야만 한다"는 세 번의 반복이 그 같은 사실을 증거한다. 아울러 인내는 고고함의 가치를 강조하는, 간절한 염원의 재확인이기도 하다.

시에서 깨달음이 고양된 감정이나 감각, 느낌 따위에서 생겨난다면 선생의 말대로 시는 '깨달음'의 부력이 있어야 높이 뜬다.(「높이 뜨는 깨달음」, 계간 『시인세계』 2008년 가을호) 이런 시를 일러 '높이 뜬 깨달음/깨침'의 시라고 명명한다면, 「孤高」와 더불어 「솔개」는 깨달음의 부력과 창신(創新)을 보여준다.

병 없이 앓는
안동댐 민속촌의 헛제삿밥 같은,
그런 것들을 시랍시고 쓰지는 말자.

강 건너 臨淸閣 기왓골에는
아직도 西間島의 삭풍이 불고,
한낮에도 무시로 서리가 내린다.

진실은 따뜻한 아랫목이 아니라
성에 낀 창가에나 얼비치는 것,
선열한 陸史의 겨울 무지개!

유유히 날던 학 같은 건 이제는 없다.
얼음 박힌 山川에 불을 지피며
오늘도 타는 저녁 노을 속,

깃털 곤두세우고
찬 바람 거스르는
솔개 한 마리.

—「솔개」 전문

솔개는 바람의 부력으로 높이 뜬다. 반면 시는 깨달음의 부력으로 높이 뜬다. 선생의 「솔개」는 전통적인 선비정신이면서 육사의 시 정신에 닿아있다. 그러면서 새롭게 창조한 것이 "솔개"의 이미지다. "선열한 陸史의 겨울 무지개!"의 변주(變奏)가 "찬 바람 거스르는/솔개"이다. 이것은 연암 박지원이 「초정집서(楚亭集序)」에서 말한 "옛것을 본받으면서도 변화할 줄 알고, 새롭게 지어내면서도 법도에 맞는다(法古而知變, 創新而能典)"는 '법고창신(法古創新)'이다. 선비정신과 육사 시 정신을 계승

하면서(法古), 그것을 변화시켜 새롭게 창조한 것(創新)이 「솔개」이다. 그러므로 "솔개"는 선생의 시 정신이면서 분신이다. 높이 뜬 깨달음/깨침의 정신이다.

시가 삶의 체험과 진실이 내면화되어 표출된 것이어야 한다면 그러한 시가 되기 위해서는 절제와 인내가 필요하다. 절제와 인내의 과정을 거치지 않은 시는 과잉 감정과 포장된 언어들을 양산한다. 이러한 시들은 시작태도의 안이함과 시 정신의 나태함, 삶에 대한 통찰의 부족을 드러낸다. 「솔개」는 언어의 허장성세와 감정의 과유불급, "병 없이 앓는", "헛제삿밥 같은" 시가 넘쳐나는 우리 시단에 대한 준열한 비판이다.

「낙조(落照)」란 시는 글로벌한 시이다. 시의 배경과 하늘 상공에서 그린 풍경이 그런 분위기를 연출한다. 활에 비유된 지평선과, "시뻘건 낙조(落照)"의 적(赤)과 "검은 땅덩이"의 흑(黑)의 색채 대비, 낙조의 모습을 "흠뻑 피에 젖은 한 가닥 붕대"로 묘사한 참신한 비유가 마치 하늘에서 대지의 풍경을 직접 보고 있는 듯한 느낌을 자아낸다. 이 시를 읽으면, 김종길 선생의 시가 왜 명징한지, 왜 우리 시대에 뛰어난 이미지즘 시인인지를 체득하게 된다.

시베리아 영공으로 접어들면서

비행기와 함께 가던 하오의 해가
마침내 비행기를 앞지르기 시작한다.

바이칼호 북쪽 어디쯤일까
광막한 대지엔 땅거미가 지건만
인가의 불빛 하나 눈에 띄지 않는다.

우랄 산맥 위를 지나도
공중에선 낙일(落日)이란 없다.
다만 활처럼 휘어진 검은 지평선 위로

가도 가도 끝나지 않는 시뻘건 낙조(落照),
검은 땅덩이의 상처를 동여매는
흠뻑 피에 젖은 한 가닥 붕대(繃帶).

러시아, 핀란드, 스웨덴,
덴마크, 네덜란드, 그리고 영국—
비행기가 거쳐 가는 유럽의 하늘은

어디나 온통 피를 흘리고 있다.

—「낙조(落照)」 전문

김종길 선생의 최근 경이의 발견 시편들은 우주적 연민을 바탕으로 하고 있다. 경이는 아픔과 인내의 과정을 거쳐야 이룩되는 생명과 삶에 대한 깨달음의 다른 이름이다. 경이 속에는 우주적 연민이 음화로 새겨져 있다. 숨겨져 있다는 것은 그만큼 감정이 절제되어 있음을 뜻한다. 그것은 변하지 않으면서 변하는, 변하면서 변하지 않는 시의 위의(威儀)를 회복하기 위한 정신의 고투(苦鬪)다.

삶이 그러하듯이 시 또한 절제와 인내의 과정을 통하여 깨달음/깨침에 이른다. 선생의 시는 이런 지난(至難)한 과정과 작업을 통하여 시가 이루어진다는 것을 보여주고 있다. 그것을 외람되게 '높이 뜬 깨달음/깨침' 의 시라고 했다. 이런 시의 대표작인 「孤高」와 「솔개」는 '서정시의 경전' 이다.

사족을 덧붙인다면 명징성과 염결성으로 대표되는 선생의 시가 전편마다 절제와 균제미를 잃지 않고 우리 시의 전범(典範)이 되고 있다는 사실 그 자체가 경이(驚異)요, 경외(敬畏)다.

(『한국동서문학』 3호 2012년 가을호)

박정옥

말의 질주는 푸르다

말의 본능은 달아나는 것이다
고삐를 풀고 수천 마일을 달려
너의 가슴에 꽂히는 한 마리 짐승
자신의 범주를 매번 허물어야 하는
고독한 배경을 끌고
돌아올 수 없는 길을 나설 때
간절한 말은 네게로 닿아
푸르게 살아서 만지고 싶어질 것이다

귀뚜라미를 노래함

처서가 일주일 남았다

급해진 걸까
열대야의 밤은 계절의 페이지에서 바짝 굳어있다
빼꼼 열린 창틈으로
밤이 들릴 듯 말듯 여문다
이명처럼 가는 실땀으로 촘촘히 이 밤을 박아대는
재봉틀 주인의 실오라기가 창틈에 붙어 섰다
어쩌면 아련한 통증, 이 밤 내내
깽깽이 강아지풀 개승마 미나리아재비를 찾아
창에다 뜰에다 내 눈꺼풀에다 짜깁기할 것이다
깊어진 울음으로 세상이 감기는 것을 느낀다
밤이 여물수록 꺼칠해진 노루발
넘어야 할 계절의 단단해지는 밤을 묶고 싶어
아무도 없는 계절을 쌓을 것이다

내 생을 조감한 걸까 아침에도
이 방 저 방 어디로도 스미지 못하고

떠도는 독백으로 여름을 올리고 있다
당신의 응답을 듣기 위해 벽을 허물어
고층에 세를 들었던가
알뜰하게 수심을 잘라붙이고
한 땀 한 땀 제 존재를 딛고
오르내리던 시간은
한 벌의 계절로 남을 것이다

갱조개국

부산사람들은 재첩국을
갱조개국이라 한다

바다와 갱물이 만나서
찰지게 일궈낸
섬진강 새벽
뽀얀 빛으로 풀어져
안개 맛을 키운다
안개는 못 본 것도
짐짓 모르는 것도 많지만
짐짓 다 안고 간다

하동 버스터미널에는
8시에 재첩국이 열린다
오늘 우리 새끼들 왔다 가는디
바다와 갱이 만나 거시키한
뽀얀 젖을 멕여야제

재첩 캐서 매실밭 사고
만난만날 구불텅 놀다
양식 떨어지면 쌀 한 말
재첩 팔아 사고 또 놀고…
차르륵 차르륵
갱조개 씻는 소리 빗소리
안개의 뽀얀 뼈에 발목 걸려
까마득 산다

찰칵! 오월

오월을 후리는
저 산 하나 낳고 싶다

밤이면 거뭇 덮치는 숨결
훅! 귓불이 아뜩하다
허공이 팽팽하게 조여들고
밀양 고개 넘는 나를
단번에 자빠뜨리는
달콤한 그 사내
장대 같은 푸른 근육질의
앞뒤 없이 보채는 맹목의
그악스레 달려드는 야만의
범강장달이
너, 언제
깊은 품이 되었나

수염 남자

올리브빛 얼굴의 남자거나 투명하게 맑은 그 남자의 볼. 면도기로 사포질한 구릉진 기슭에 가만가만 스며들고 싶다. 젖과 꿀이 넘쳐흐르는 가나안 같은 둥그름한 그곳 밤새 자라고 자라는 수염을 헤집어 부드럽게 일렁이는 초원을 누비고 싶다. 내 사랑을 흔들어 끝나는 지점에서 그가 들이키는 것마다 흙이 되고 뿌리가 되어 멀리멀리 퍼질 것이다. 터키나 몽골이면 어떠리. 그의 볼을 타고 뉘여진 볼가나 우랄의 갈대숲이 샛강을 만들고 나는 그의 기나긴 강을 누빌 것이다. 그가 지나온 터널 그가 만난 은밀한 슬픔들을 데리고 갈기를 세운 늘씬한 종마를 타고 새벽을 통과할 것이다. 그리하여 끝없는 평원에서 건초처럼 마를 것이다. 그리하여 눈부신 기억들은 겔을 엮어서 나는 기다리겠다.

* 수염 남자: 공재 윤두서 초상화

소란한 오후

폐 공장이 온통 불길에 휩싸여 있다
담쟁이 푸른 잎마다 시너를 매달고
톱날 모양의 공장 지붕을 맴돌아

벽이든 대궁이든 목놓아 불을 옮기고 있다
우리 가슴에 팽팽하게 시위를 당기고 있다

온전히 이 바닥을 떠나지 못한 아우성
단단히 오므렸던 기억들이 머리칼 날리며
빠른 보폭으로 지붕을 향해 재채기처럼 터졌지
너무 까마득하여 중심으로부터 자유로운 오후
환삼덩굴에 걸터앉은 투신의 재잘거림을 경청하고
활활 타오르는 푸르름을 프레스라고 하지
무수한 왜곡과 진실을 절단하고 신체를 절단하는
그것들을 변형시키는 것을 잘 보라구!

돌면 돌수록 환삼덩굴에 멱살 잡힌 프레임
공터를 향해 무너지는 힘으로 재구성되지

우리는 잊기 위해 떠났고 그래서 다시 돌아오게 되지

이 소란의 틈바구니에 나는 혼자 꽂혀있었다

마주 보이는 동네는 이 불길에 한 치도 구겨지지 않는다

찔레꽃

쳐다볼수록 까무룩하니
물 머금은 별
제자리서 깊어만 가는 그림자

울고 있구나,
가장 서럽고 가장 두려운
저 눈부심을 거두고 싶어
서둘러 덮어 버리고 싶어
아무도 울지 않았으나
한 송이 울음으로 번져서
제 안에서 끓는 침묵

오월 벼랑 끝으로
온몸이 쏟아진다

소리의 풍경

메아리학교* 아이들은 동해남부선이 지날 때
기차가 울고 간다고 생각한다
소리의 진원지는 울음이어서
멀리서도 흘러내리지 않는다
늘어진 해안선을 걷어온 바퀴는
즈쯔측즈쯔측 짭조롬한 구개음을
운동장에 부려놓고 간다
귀먹은 동작이 청유형으로 다가와
무정명사의 아이들을 바라본다
왁자글 구르다 뭉클 만져지는 함성들
체언이나 조사가 생략된 풍경이
뚝, 뚝, 분절음으로 끊어져
책갈피처럼 나른하게 쌓였다
새떼처럼 한 방향으로 쓰러진다

소리는 눈의 문을 열고 있다
학교 운동장에 현상범처럼 즐비한
자작나무의 동공이 점점 커지고 있다

* 농아학교

나무그림자

나를 끌고 여기까지 온 것은
나무의 어떤 힘 때문이다, 고 하자

밤마다 어둠을 파먹고 너는 캄캄 깊어져
담을 넘고 대숲을 건너는
네 구부정한 늑골 안으로 자꾸 말려들었지

혀를 깨물린 달이 일그러놓은
뱀 허물이 창틀에 걸려
그를 불러들이곤 했지
집의 뿌리를 삼킨 너는
내부로 흐르는 물소리로 가득했어
집이 출렁일 때마다
새들이 날아오르고
전생의 뿌리를 더듬으며
비를 불러들였지

짓눌림에 나무를 잘랐다

톱밥이 오후를 적셨다
저 심연의 바닥이 둥치에 쏟아졌다
그늘! 이렇게 완고하다니!
그가 만든 그늘이 지금
나를 찍어 누르고 있다

거인을 눕히고
정오의 그늘이 활짝 웃고 갔다

가막골 경운기

노인이 숨을 거두자 녹물 번진 등이 버즘나무 껍질처럼 뒤집혀 속을 내보인 거지. 노인의 뭉툭 손으로 스윽 쓰다듬으면 크릉~ 끙 일어나던 것인데, 기중 질긴 밭고랑 개미뜨락 건너두들 쇄토작업을 끝내고 멈췄지. 바퀴에서 풀려나온 수많은 이랑에 노인의 걸음이 만져지고.

뽕나무가 그늘을 드리우면 칡넝쿨에 몸을 다 내어준 개복숭나무 고개를 외로 꺾어 담배농사 골병초 풍년초 저녁놀이 벌크에 휘휘 감겨 오르는 환삼덩굴가시 가시나 왼 속을 파고 휘감는.

젊은 날 노인은 아오자이 치파오 사이 은근 드러나는 허벅지 햇살을 좋아했지. 폐기종 앓는 짐승을 탈탈 달래며 개미뜨락 이랑에서 메콩강의 추억이 넌출넌출 달렸고. 짙푸른 강의 앞섶을 헤치며 잔등에서 우쭐우쭐 하루가 말려갔지. 등줄기에서 누크맘이 시큼하게 풍겨오는 한낮, 생머리 소녀 무이가 해주던 다레 맛이 입안에 홧홧 달아올랐음직도. 오르고 올라 구름을 피우고 역류하는 추억을 지나 머나먼 남지나해를 돌아온.

용감한 짐승이었다.

박종해

가을저녁

나뭇잎새들이 진홍으로 불타고 있다.
겨울의 어둠 속으로 들어가기 전
생의 절정을 맞는 순간이다.

태양이 서녘으로 져 갈 때
아름다운 노을을 물들이듯이

내가 남겨놓고 갈 것을 잠시 생각해본다.
바람이 내 마음을 받아 읽고,
낙엽을 쓸며 길 저 끝으로 사라진다.
한 떼의 새들이 가물가물
점점이 하늘 끝으로 빨려 들어간다.

누가 성큼성큼 어두운 발자국을 찍으며,
들판을 건너가고 있다.
어두운 손길이 진홍의 노을을 걷어가고 있는
가을저녁에.

밤 한 톨

알밤을 깐다.
단단하고 투박한 껍질을 보면
온몸에 철갑을 두른 병사가 떠오른다.

나의 손아귀에 사로잡힌 이 쬐그만 병사
칼을 온몸에 들이대고
단단한 피부를 벗겨낸다.

완강하게 버티던
거부의 보루가 무너지자
보드라운 순수가 모습을 드러낸다.

촘촘한 숲 속에서
고슴도치처럼 온몸에 침을 곤두세우고
뒹굴던 이 불가침의 투사.
이처럼 보드랍게 제 살을 드러내다니.

성벽을 무너뜨린 나의 막강한 손바닥 위에

유순해진 병사가 다소곳이 앉아있다.

멸치 인생

아내는 멸치를 다듬는다.
머리통을 떼고, 내장을 발가내고
꼬리를 잘라내어 매끈하게 다듬는다.

넓고 푸른 바다에서 마음껏 헤엄치고 놀던
요 조그마한 것들이
이제 박제된 몸으로 광주리 안에 담겨있다.

푸른 물결의 집에서
무수히 떼를 지어 버들잎처럼 물사래 치던
아침이슬 같은 하잘것없는 것들.

벗어날 수 없는 그물 속에서
은 비늘을 반짝이며
온몸으로 길길이 뛰던 풀꽃 같은 생명들.

나는 한 움큼 고것들을 손아귀에 쥐고
한 마리씩 고추장에 찍어 먹는다.

한 줌 바다가 뱃속으로 들어온다.
나는 팔다리를 유연하게 흔들며
한 마리 작은 멸치처럼
세상 바다를 헤엄쳐 나간다.
언젠가는 멸치같이 끝내고 말 운명을
신의 손에 맡긴 채.

가을로 가는 빗소리가 그치면

여름에서 가을로 가는 행간에
비가 내린다.

처서를 건너온 비는
귀뚜라미의 목청을 틔우고,
여름의 팽팽한 오선지를 느슨하게 풀어서
빗방울을 통통 퉁겨낸다.

가을을 부르는 서늘한 빗소리가 그치면,
달은 하늘 더 멀리 구름의 주렴을 걷어 올려,
화안한 얼굴을 내밀며,
호밀밭에 금빛 가을의 말을 뿌린다.

나는 호밀밭 언저리에 서서
귀뚜라미 편에 너에게 소식을 띄운다.
너가 산다는 별숲 나라 그 어디까지
나의 목소리가 닿아서,
너는 수억 광년 빛으로 나를 찾아오리라.

만 리에 가을이 서슴없이 파문 져 오듯이.

강물처럼

외롭고 쓸쓸한 것이 시가 된다면
가을이 오는 강 언덕에 앉아
강물이 써 내려가는 시를 읽으며
내 마음도 따라 흘러가리

세상에 오래 머무는 것이 어디 있으랴
차창 밖에 잠시 잠시
스쳐가는 세상사

푸르른 잎 단풍들고
낙엽되어 떨어지는 것을 보아라

세상에 오래 머무는 것이 어디 있으랴
가을이 오는 강 언덕에 앉아
흘러가는 강물을 보아라

캐나다 시편 Ⅰ

—로키산맥

로키는 암석이란 뜻이다.
시루떡을 층층이 쌓아놓은 듯한 돌산
얼굴은 구름 속에 묻고
온몸에 눈을 덮고 있어
신이 그려놓은 수묵담채화.

하늘을 찌를 듯 병풍을 두른
침엽수림 사이로
마릴린 먼로의 돌아오지 않는 강이 흐른다.

대륙을 관통하는 끝없는 고속도로를 달리며
눈 덮인 로키산맥의 위용을 보는 것은
말 그대로 장관이다.

자연이 베푸는
은백의 눈부신 향연에
만 리에서 온 나그네는
그저 말문을 닫을 뿐.

캐나다 시편 II

—레이크 루이스

루이스 호반은
신이 그린 한 폭의 그림
만년설을 옷으로 입은 웅장한 산이
호수에 잠겨서
몇억 년을 깨어나지 않고 있다.

잔잔한 호면은
금방 뛰어들면
산산이 부서질 듯한 명경(明鏡)

흰 눈을 밟으며
원시(原始)의 풍경 속으로
나는 하나의 티끌처럼 스며든다.

일생을 우주에 기부한 배롱꽃 같은
천지신명이여

캐나다 시편 III

—빅토리아 섬

벤쿠버에서
빅토리아 섬으로 가는 바다는
그림처럼 잔잔하다.

숨을 멎은 바다 위로
일만 오천 톤의 배가
미끄러져 간다.

몽환에 잠긴
수묵화의 섬

갈매기도 따라오다가
지쳐서 돌아간다.

멀리
빅토리아 섬이
안갯속에
신기루처럼 떠 있다.

상처의 물결

격정으로 밀려올 때는 몰랐는데
저만치 멀어져 가는 너의 뒷모습을 보았을 때
그것이 아픔인 줄 알았었네.

검은 머플러를 날리며
모랫벌에 주저앉아
너의 이름을 부른다.

3월에 봄이 온다는 소식만 무성한 채,
상처받은 사람들은 봄을 기다리지만
바닷가에 서면
물거품이 되어 쓸려가는
초라한 모습이 해초처럼 일렁인다.

바다는 푸른 실핏줄을 튕기며
수평선까지 팽팽히 부풀어 오르는데

아직도 차운 물결이 웅얼거리며 뱉어내는

슬픈 언어들.
이긴 사람들은 파도처럼 들끓고 있는데
패배한 사람들은 상처를 안고
물거품처럼 어디론가 속절없이 쓸려간다.

배정희

불면(不眠)

—吳貞姬를 읽는 밤

고양이 한 마리 잡아서 솥에다 삶는다.
푹 고아서 한 사발 마신다.
그녀를 읽는다.
슬며시 빠져나가 달도 없는 묘지 한 바퀴
휭하니 돌아나오면
입구(入口)에서 나를 기다리는 여인과
악수하고
노래 부르고 춤추며 놀아본다.
그녀는 슬프다.
이슬을 털고 슬그머니 돌아와
로트레아몽이 뒤집힌 책장의
먼지를 털어내고
거울 속 여인에게 한번 웃어주고
그녀를 읽는다.
그녀는 슬프다.
얼마나 많은 간(肝)을 먹어야 승천(昇天)하는 것인가.
어떤 상처(傷處)가 눈물을 잠재우나.

작천정 벚꽃놀이

꽃이 피는데
울랄랄라 노랫소리
작년에 왔던 각설이 노래를 한다
죽지도 않고 또 와서 노래를 한다
꽃이 피는데

그날 밤 황홀한 기억을 난 잊을 수가 없어요
노랫소리를 끌고
고무다리 남자와 앉은뱅이 여자가
세상에 가장 낮은 자세로 꽃길을 간다
꽃이 피는데
무궁무궁 벚꽃이 피어있는데

하늘엔 벚꽃
땅에는 거래
다북쑥 무덤 위로 한 잎 벚꽃이 지는데
고무다리 남자와 앉은뱅이 여자가
환하게 웃으며 꽃길을 간다

세상에 슬픔이란 슬픔은 꽃으로 피는데

어르신 병동

교통사고 전문 복지병원
꼭대기 층 어르신 병동은
천상과 가까운 곳

치매의 만사형통과
거동불가의 속수무책이
24시간 조화로운 곳

24시간 의사 대기
24시간 죽음 대기
24시간 편의점 일회용 컵보다 값싼
목숨의 마지막

어르신어르신 극존칭 뒤의 누더기
복숭아 빛 가운을 입은
말랑말랑 어린 것들의 칼날
일찌감치 위선에 길들여진 날렵한 솜씨

어르신어르신어르신어르신
아무렇게나 찔러대며
아무렇게나 나무라며
아무렇게나 죽어가도

어르신어르신
한세월 뒤 저 침대에 누울
복숭아 빛 어린 어르신들의 얼굴
위대한 복지국가의 미래

입큰개구리 노래방 명상

노래방에서 명상이라니
그건 무슨 오해가 아닐까.
풍만한 영상의 왜곡이거나
혹은 계면쩍음이거나

우리는 비틀거리기로 했다. 그날
아무런 이유도 없었고
이유가 있을 이유도 없었다.
난이와 나는
그냥 비틀거리는 것이 좋았다.

입큰개구리 노래방에서
비에 젖은 개구리가 되어
지금은 부르지 않는 노래를
불러보고 싶었다.

입이 큰 손님에게
후한 점수를 주는

그 몰상식한 기계를 추종하며
목소리 큰 자들이
쥐고 놓았던
한 시절을 떠올리다가
그건 너무 무거운 명상이라고
고개를 흔들며
찰찰이를 흔들기로 했다.

그날 밤
그렇게 흔들리면서도
비틀거리면서도
집에는 돌아갈 수 있으리라는
깊은 희망을
잃지 않았다.

이야기 속으로

1.

유연과 최랑은 삼종지간이다. 나랏법에 혼인할 수 없으니 유연은 목숨을 버릴 지경에 이르렀다. 죽기 전에 소원을 말하라는 애 터지는 모친의 권유로 유연은 맺힌 한을 털어놓았다. 하나뿐인 아들이 목숨을 버릴 지경이니 국법을 버린들 무슨 상관이랴. 아아, 사랑이란 버리는 것인가 보다.

혼인 첫날 두 사람이 촛불 아래 마주 앉아 그윽히 볼 적에 어디선가 먼지를 일으키며 달려온 말 탄 사나이와 종자(從者)들이 구름처럼 가볍게 신부를 태우고 사라졌다. 사나이가 우레 같은 목소리로 말하였다. "신부를 조심히 다루어라."

2.

낭자, 내가 그대를 아씨라 부르지 않는 것은 나 당신의 종이 아니라 당신의 지아비가 되고 싶기 때문이오. 그것만이 내 사랑을 완전하게 하는 것인 줄 낭자도 아시리다. 내 처음 낭자를 본 날은 일곱 대문 열두 다리를 건너 호랑나비 범나비 쌍쌍이 날으고

당신, 비단 장막 너머 섬섬옥수 가녀린 손으로 모란을 수놓던 날

당신 연못에 비단잉어 아홉 마리를 풀어놓던 그날

조는 듯 꿈꾸는 듯 먼 데 하늘을 보던 당신에게 내 마음 묶이었소.

엄청난 회오리가 몸속에 일고

유유히 헤엄치는 비단잉어 한 마리 품에 안고 섬으로 떠났다오.

섬은 미천한 몸종을 사나이로 만들고, 그리하여 당신을 꿈꾸게 했소.

낭자, 날마다 내 귀는 바다 건너 당신의 담벼락을 서성이다

오늘 당신이 유학사의 지어미가 되기 전에 여기 데려온 것이오.

3.

장군님

소녀, 꿈에도 장군을 알지 못하고 장군의 마음 언감생심 알지 못하고

오직 부모님의 가르침으로 오륜을 익히고 침선에 힘써 오니

바다 건너 온 뜻을 정녕 알지 못하리니 부디 어버이 계신 고향으로 나를 보내 주옵소서.

제 낭군은 울며불며 허방지방 나를 찾아 천지사방 헤매리니 그 여린 낭군의 놀라움을 생각하면 이 가슴이 찢어질 듯,

장군은 이 섬의 주인, 어찌 하찮은 계집의 일로 대사를 그르치리오.

소녀 작은 가슴은 장군을 이해하지 못하옵고, 오직 저 푸른 물결에라도 의지하여 집으로 가려니 너그러이 용납하소.

소녀 아직 사랑을 모르오나 사랑이란 정녕 서러운 기

다림이리니, 제 낭군은 오직 부모가 맺어 주신 천정배필 유연이오.

4.

어머니, 소자 떠나옵니다. 사나이 대장부 여자 하나로 어찌 가문을 버리고 저를 버리겠느냐고, 하지만 제 마음 오직 낭자로만 향하니 이 길로 삼 년을 기약하고 헤매이다 못 찾으면 돌아오지 않으리니 이 못난 자식 최 낭자 사라진 피 맺힌 그날, 흉측한 무리에 버히었다 생각시고 불초소생 유연을 잊으바려옵소서.

5.

유연이 글 써 두고 담을 넘어 강을 건너 하염없이 떠나가니 때는 추구월 망간이라. 달은 밝아 훠이훠이 길이 더욱 서럽더라. 유연이 집을 떠나 이슬 같은 낭자 찾아 면면촌촌 헤매이나 낭자 소식 바이없고 몸은 초췌하여 기력이 쇠하니 그 형상 딱하여 가이 볼 수 없을래라. 이제는 어디서도 낭자 볼 길 없겠구나. 꿈에나 보련마는 종시 볼 수 없으매 가련코 애틋하다 유연의 심사여!

꿈에 금산사 부처 나타나니 그대 유연은 들으라. 이제 너의 가없는 업(業)이 다하여 네 찾던 신부를 찾으리라. 깜짝 놀라 깨달으니 남가일몽 남가일몽

6.

사랑은
어엿븐 내 사랑은
삼십 년을 기다려도 종내 오지 않으리니
그 섬은 가라앉고 이제는 없다네.
서해 바다 깊은 물속 화석이 된 내 사랑
은빛 꼬리를 가진 서러운 비단잉어 되었다네.

시를 못 쓰는 밤

깨어진 몰리에르
아이의 입술은 선혈이 낭자하다
다시는 말하지 못하리라 한다
꿈이었다

(다시는 말하지 못하리라)

뒤돌아보지 마라
뒤돌아보지 마라는
말 너울너울 날아와
내 머리끄댕이를 잡아당기고
에이, 소금기둥이 되거나 장자못이 되거나
죽기 아니면 까무러치기라고
크게 숨 한번 쉬고
눈 딱 감고 돌아서 버린 날
아, 너는 소금기둥이 되어 흘러내리고
비밀 하나를 보아 버린 잘못으로
나는 하얗게 떨고 있다

석남사에서는

석남사 입구에서는
천천히 걸으세요.
당신 발목을 붙드는
미나리 군밤 말라진 산나물의
애틋한 눈길
쉽사리 뿌리치지 마시고
조금만 천천히 말이에요.

매표소 앞에서는
어린 스님이거나 노스님이거나
두 손 모아 가볍게 합장하고
고요에 들어가는 표 한 장 받으세요.

그때 당신은
조금만 천천히 걸으세요.
버리지 못하는 여인들과
버린 여인들과의
그 푸른 경계를 되돌아보며

조금만 천천히 말이에요.

고달픈 당신

법당까지는 조금만
천천히 걸으세요.
천천히 천천히
그러면
어여쁜 비구니의 옷자락이 보일 거에요.
그녀의 등 뒤에 어린 햇살 한 자락도 말이에요.

추억이란

낯선 거리에서
너를 만나면

참 환한 대낮!

추억이란 흘러서
물 같아서
깨금발을 뛰는 아이들처럼
위태했던 우리 시간들도 젖어들고 있다.

시인보다 목수를 우대한
플라톤을 매달아놓고
열두 개의 공화국을 세우던 밤
우리 서성이던 골목의 습한 바람

낯선 거리에서
추억을 만나면
뒷걸음치는 시간 앞에서

잠시 멈추어 설 일이다.
우리 함께 한 시간들에
가벼운 목례라도 할 일이다.

신춘희

버스정류장에서

여자의 엉덩이가
눈앞을 스치듯이 지나간다
'스치듯이' 에 향기가 묻어있다
자연스레 고개가 따라간다
꽉 낀 블라우스와 청바지를 입은 뒤태
잘룩한 허리가 엉덩이를 팽팽히 당기고 있다
물오른 곡선을 따라 관골이 끊임없이 출렁인다
저 에로틱한 피부의 봉분은 무엇인가
오감의 실리콘인가 욕망을 자극하는 우물인가
유사 이래 얼마나 많은 사람들이
저것에 대해 상상의 날개를 폈을까
골똘히 생각하고, 생각하다가
그만 버스를 놓치고 말았다

사랑

내가, 그를 향해 손전등 비추며 가고 있다
그가, 나를 향해 손전등 비추며 오고 있다

유월

저기, 오솔길로 초록이 오고 있다
보이는가, 초록이
나는 두 팔을 벌려 환호한다
어서 오라, 초록아
하늘에서 햇빛은 쏟아지고
쏟아지는 햇빛의 분수 속에서
나는, 샤워를 한다
모든 가식을 벗어 던지고
초록으로 얼굴을 씻고
손을 씻고, 몸을 씻고
구석구석 마음을 씻고
마침내는 햇빛의 기둥이 되어
오솔길에, 서 있다

나는, 이 속설이 좋다

'네가 하면 스캔들
내가 하면 로맨스'
나는 이 속설이 좋다
외나무다리를 건널 때의
아슬아슬함이 있다
유혹하거나 유혹당하기 직전의 두근거림이 있다
아내 안에서 아내 밖의 여자를 어찌해보려다
들켜서, 허둥대는 중년의 사내들이여
나를 포함한 이 땅의 허당들이여
그렇다고 원시의 상열지사 같은
이 아슬아슬한 감정의 줄타기를 포기할 수야 있나
몰입의 매 순간만큼은
그래도 순정인 것을

섬

이내 터져버릴 것 같은
그렁그렁한 눈물 덩어리

법

그가 말했다
여기선 내가 법이요
시키는 대로만 하시오
내가 입을 열려고 하자
그가 입을 막았다
의견? 그런 건 필요 없소
시키는 대로만 하시오
내가 말을 하려고 하자
그가 말을 잘랐다
불만? 그런 것도 필요 없소
시키는 대로만 하시오
이 바닥 생활이 삼십오 년째요
시키는 대로만 하시오
햇빛 수직으로 꽂히는 공사현장
숨 막히는 적막 속에서
한 남자가 지쳐가고 있다
안전모 위에 나비 한 마리
날갯짓이 무겁다

부부

보고,
듣고,
말하고,
만질 수 있는 사이

아가리와 말

동네 빵집까지 한입에 털어 넣는
자본의 거대한 아가리가 싫다
그 아가리에서 튀어나오는 말들에는
철학도, 윤리도, 상식도 없다
썩지 않는 방부제 같아서
영원히 흙으로 돌아갈 수 없다
나이 들수록 팽팽해지는 피부,
고통 속에서도 시들지 못한다
수많은 적개심을 키워가며
흥분의 순간순간을 탐닉하는
거대한 자본의 아가리여
세월은 유정한데 그대는 한결같구나
소비재 필수품이 돼버린 디지털카메라처럼

아들 생각

산다는 것은 무엇일까
숨 쉬면 사는 것일까
하루를 견디면 사는 것일까
내 경험으로는 아니다
숨 쉬고 살아도, 죽은 인생이 있다
무룡산에서 아들과 작별하던 날, 나는 죽었다
지금도 생생하게 기억한다
그날 내 마음은 캄캄한 감옥이었다
하산길에 갑자기 울음이 터졌다
아내도 딸도 눈치채지 않게 울기 시작했다
빨래의 물기를 제거한 탈수기처럼
목구멍 깊숙한 곳에서부터
그간에 지은 죄들이, 눈물 강을 이루었다
그리하여 강의 물길이 감옥을 무너뜨리고,
노아의 방주가 되었을 때
나는, 격랑의 한가운데로 걸어 들어가
다시는 돌아오지 않았다

물소리 2

요즘 들어
잠과의 불화가 잦다
잠이 나를 거부한다
쫓기듯 잠 밖으로 나온다
잠 밖에서 잠을 들여다본다
활처럼 휘어진 등
휴지처럼 구겨진 눈
작동불량의 귀
지하도 같은 콧구멍
폐광 직전의 입
영락없는, 나다
그런데 거부한다
자리에서 일어나 어둠 속을 서성인다
고추 먹고 맴맴 담배 먹고 맴맴
술래잡기를 시작한다
물소리가 들린다 물소리가 길이다 물소리를 따라간다
절벽이다! 절벽!
절벽?

그래도 걷는다

임 윤

평안(平安)에 들다

무거운 겨울밤을 끌며 닿은 만주벌판

구한말 박씨의 조부가 경상도에서 이주한 시골마을 평안(平安), 세찬 눈보라에 후들대는 밤길을 어금니 딱딱거리며 걸었습니다

주먹만한 눈덩이에 메리설산을 넘어가는 마방처럼 온몸이 하얘집니다

긴 꼬리를 휘감는 바람에 전깃줄의 탱탱한 울음이 어둔 벌판으로 빠르게 날려갔지요

도로를 경계로 건너엔 한족이 이편엔 조선족이 국경없는 국경을 두고 사는 마을

거친 눈보라가 군무를 남기고 사라지는 가창오리떼 같다는 생각이 들 때

형형한 눈발 가르며 내려앉는 댓 살가량 계집아이 목소리

"할매, 춥다 안카나. 문 쫌 닫아라"

동토에서 듣는 경상도 억양

겹겹이 비닐을 싼 봉창 속엔 남쪽에서 불어올 봄을 기다리는 목소리

생수를 사가자던 박씨 말을 대수롭지 않게 들었습니다

미닫이문 들어서니 어디선가 똑똑 떨어지는 물방울소리, 벽체를 휘돌아가는 수로가 미로처럼 얽혀있었지요

수돗물이 없는 만주벌판, 마당에 버린 생활하수가 지표로 침수되면 재래식 펌프로 다시 퍼올립니다

좁디좁은 부엌을 휘돌아 모래와 숯을 지나온 물에서 풍기는 달걀 썩는 냄새

거친 눈보라에 봉창을 감싼 비닐이 파르르 떨고 마당엔 우당탕 날려가는 소리

아이거 북벽에 매달린 조난자처럼 벽에 걸어둔 시래기다발이 요동칩니다

을씨년스런 날씨에 세면 걱정할 때

종일 받아낸 물을 가마솥에 설설 끓여 떠내주시는 할머니

하루치 생명수를 세숫물로 내놓으십니다

부엌문 틈으로 보이는 외등의 불빛으로 날아드는 비

루한 눈발

낯선 길을 찾아 차갑고 어두운 밤 소실점으로 몰아치는 눈보라처럼

발가락 꼼지락거리며 잠들지 못하는 밤

질긴 겨울을 되새김질하며 밤새 떨어지는 물방울소리

연길냉면

공업탑 로터리 부근 호운래반점
노동자로 울산에 온 조선족 김씨가
연길에 사는 부모님을 초청해서 한국인 아내와 함께 식사를 한다
고량주에 불콰해진 아버지
아들 내외에게 연변의 보통 시아버지처럼
근엄한 얼굴로 잔소리 같지 않은 잔소릴 늘어놓는다
뿌루퉁한 아내 눈치를 살피며 말을 가로막는 김씨
멋쩍어진 아버지는 노래방에 가잔다
자리가 불편한 며느리는 집으로 가고 싶은 눈치다
한국에 처음 왔는데 가족끼리 노래방도 못 가느냐고 역정인 아버지
"우리도 한번 재미나게 살아보디 않캈어"
질펀한 연변말투
아내는 입술을 앙다물고 김씨는 안절부절한다
"니들끼리 집에 가라우 내래 혼자서리 노래방에 가겠다우"
바깥에서 한참을 쑤군대다 들어온 김씨 부부

한국 사람들이 좋아하지 않는다며 핑계를 댄다
이국이 된 조국의 정서에 굳은 아버지 얼굴
모시고 노래방 한번 가라는 말에
다시 아내의 눈치를 살핀다
춘삼월 폭설이 내리는 어두운 거리
평소보다 더 차갑게 느껴지는 연길냉면에 이가 시리다

가을장미

큰길가 철망으로 둘러친 학교 담장
보도블록 가장자리 벤치에
환자복 차림으로 앉아있는 팔순 노인
철조망에서 파르르 떠는
계절 잃은 장미 한 송이
노인처럼 하늘 향해 얼굴 세우고
담장에 기대 가을 햇볕을 쬔다
근처 병원도 없는 환자복 차림에
길을 잃었는지
치매는 아닌지
발음이 신통치 않은 노인의 말에 귀 기울여
길 가던 중년 여인이 말을 건넨다
노인의 얼굴에 핀 갈색 저승꽃들
가을빛에 시든 향기를 뿜으며
덩달아 검붉은 귀를 쫑긋거리는 장미
시내버스가 지나가고 학생들이 몰려가도
노인은 자리에서 꼼짝을 않고
벤치에 기댄 지팡이가 스르륵 굴러 넘어지는

가을바람이 슬쩍
오후의 풍경을 건드리는 짧은 순간

뿌리내리기

울산에 시집온 조선족 이순녀 씨
출근 전 아침마다 화분에 물을 뿌린다
사투리 익은 시집살이 삼 년
주민등록증도 버젓한 보통 새댁이지만
다들 불법체류 중인 이주노동자쯤으로 생각한다
어느 곳에서 싹 틔웠는지 모를 난 한 포기
군락에서 떼어져 배꼽을 친친 감고
봄볕 드는 창가에서 햇볕을 쬔다
제 몸 하나 지탱키 쉽지 않아도
뿌리내리기까지
수차례 강풍에 쓰러지기도 할
한 방울 수분이라도 끌어올리려는 저 힘의 근원
눈빛으로 허공에 난을 치는 그녀
빳빳하던 고개가 한 촉의 곡선을 긋고
물방울은 잎사귀 결 따라
둥글게 몸을 말아 굴러내린다
물 뿌리는 소일거리가 쏠쏠한 아침
파릇파릇한 곡선들이

모진 비바람도 견딜 것 같다
곡선과 곡선이 스치는 바람에서도
시들면 한순간 뿌리째 뽑혀나고야 말
창가에 서 있는 여리디여린 저 풍란들

적도의 눈

반들거리는 황톳물에 서 있는 수상가옥들
발목 휘감은 물의 껍질에서 출렁이는 빛의 조각
쾌속선이 날리는 물보라에 싸여
무지갯빛으로 사라지네
통나무 가득 실은 바지선 너머
나룻배에서 그물을 던지는 어부의 야니빤장*
수마트라 깊숙이 헤엄쳐 온
화물선의 눈꺼풀에서 풀리는 가벼운 졸음
바람의 노래가 스며든
밀림 저쪽에서 화답할 누군가의 반사체
나뭇가지 사이로 무섭게 내리는 빛의 소나기는
어두운 습지 어디까지 닿을 수 있을까
적도를 가로지른 시아강**을 범람하여
뱃전으로 쏟아지는 노래
소수민족 장단은
야자농장 지하에서 퍼올린
시커먼 원유의 불꽃으로 사위어가고
숲에서 살다 숲으로 사라질 눈빛인가

선한 얼굴로 나뭇잎 한 장 건네는 소녀들
어둠이 있어 반딧불은 더욱 또렷하듯
꿈틀대는 지상의 모든 눈은 빛을 머금고 있다네

* Nyanyi Panjang: 인도네시아 소수민족들의 구전민요
** Siak River: 수마트라섬 리아우주 동쪽으로 흐르는 강

벽을 접다

퇴적된 어둠을 가르며 시간이 부화하는 새벽
재래시장 귀퉁이
허공을 두드리던 별빛을 걸치고
퍼질러 앉은 노파
속 빈 종이상자의 겹이 허물어지네
평생 걸어온 주름진 길에서도
키보다 높은 벽에 수없이 맞닥뜨렸으리
걸어온 발자국만큼
쌓이는 종이벽 그 틈새로
조간신문 광고지 끼워지듯 포개지는 전등불빛
허술한 간격을 두고 새벽잠은 떠다니고
상자에 담겼던 어둠이 날아오르네
너덜대는 과거만 기억하는 찢어진 바코드가
상자보다 가벼운 노파를 읽어내리고
무더기로 묶인 해체된 시간들
몸집보다 더 높은 상자를 싣고
뺑 뚫린 골목으로 굴러가는 리어카
노파를 삼킨 종이상자가

부푼 새벽 가장자리로 어슴어슴 사라지네

추락

광맥 찾는 곡괭이질에 얼얼한 팔
뻑뻑한 관절이 지르는 비명
복제된 그림자가 전광판을 뒤적이는 골짜기엔
큰손만이 힘이다
척살 몇 번 당한 뒤 복수심에 불타
깡통으로 구입한 갑옷과 청룡도 한 자루
개미의 어깨는 더 무거워진다
농익은 버찌들이 풀풀 풍겨대는 단내에
밑둥치부터 기어오르는 개미군단
송곳니로 구멍을 뚫고 단물을 핥아댄다
증권거래소에 닿은 나뭇가지를 타넘고
꾸역꾸역 몰려온다
바람이 불자 제 무게를 견디지 못하는 버찌
지상에 검붉은 점 하나 찍는다
다시 바닥에 꼬이기 시작하는 개미들
낮은 등급에서 살아남을 비법은 없어
개미떼는 한판 전쟁 준비 중이다
씁쓸한 바람에

툭툭툭 연속으로 떨어지는 버찌
바닥은 온통 붉은색이다

갯바위에 핀 국화

을씨년스런 늦겨울 서생 바다
검푸른 물결에 꽃잎처럼 날아오른 갈매기
둥근 지붕의 원자로가
민머리에 자명종을 단
고장 난 탁상시계처럼 앉아있다
미처 풀어내지 못한 시간들
어쩌면 풀어낼 수 없는 시간들
태엽이 탱탱하게 감긴
언제 터질지 모르는 시계 곁으로 날아든 꽃잎들
갯바위에 흰 국화 소복이 피었다
버섯구름처럼 허공으로 솟구쳤다가
다시 피어나길 여러 번
꽃 진자리에 아무런 흔적도 없는 갈매기꽃
민머리가 숨긴 시간을 알 턱없는 꽃잎은
찰라간 부풀어
터지는 줄 모르고
심장을 향한 비수가 되는 줄 모르고
오늘도 고장 난 원자로 위를 날아간다

터널에 고인 얼굴

내시경 외눈 불빛이 덜컹대는 지하
어둠의 창자가 꼬여
하늘을 삼킨 숨구멍은 시간의 통로인가
헐거워진 걸음으로
터널 문고리를 흔들수록
비워낸 하루치 그림자가 비틀거리네
허기진 걸음
낮은 보폭으로
신인류의 벽화가 그려진 문턱에서
까맣게 뭉뚱그려진
우리가 스치곤 한다네
물(物)가네와 유(油)가네가 오르락내리락 대는 동안
지독한 습기에 분해된 관절
빛을 배경으로
무시로 쏟아졌다 사라지는
음지식물의 무표정한 얼굴들
녹슨 비명을 지르며 멈춘 마지막 전동차

장상관

내장산

구절양장 다 읽고서도 몰랐다
깨진 사랑이 뜨겁게 내뱉은 독백이라는 걸
속 태우다 토한 불 이파리라는 걸
내지르고 싶었던 절규
잘 삭히면 한 폭 절경이 되어
폭우를 쏟아도 발길이 끊이지 않는다
나도 잃고 넋도 잃는다
불길이 화상 입히기는커녕
능선을 타고 달려가는데도
목재 산장은 밤이면 서리가 내렸다
눈물로 데운 마음 온도가
뭇 가슴에 불을 댕긴다 보라
산들이 같이 휩싸여 탄다
성냥불에 사랑을 끓이고 금방
식혀버리는 얄팍한 사람아
저 불 속에 뛰어들어 어두운 내장
횃불 한번 지펴보라
단풍잎이 어깨에 붙어 떨어지지 않는다

황태

구겨진 동해 내려다보며
상수리나무에 목매단 사내
흉어 바람 황량한 덕장에 매달리다 차라리
알몸 내걸었으니 햇살이 옷 벗어 걸고
달빛 오롯이 스며들었나
황금빛 은은히 서려 눈부시다
원망도 부끄러움도 아낌없이 버린 미라
찰박찰박 걸어오는 바다 밀어내다
눈부처마저 지워버려 퀭한 눈
반듯하게 누워 남청빛 하늘 다소곳 덮는다
온몸 휘감아 출렁거리는 물결은
바람이 겨우내 울며 써놓은 불립문자
빛바랜 수의처럼 차려입었으니
흔한 소문내고 함부로 씹을 이 없겠다
봄꽃 샛노랗게도 질리는 사월
숙취 잘 우려내는 황태국
무심코 건져 올린 살점들이, 비로소
저 주검이 한사코 매달린 덕목(德目)임을 알겠다

밀고 밀리던 파도를 썼다 지웠다
눈발 덮어쓰고 매달린 덕목*
이젠 더 이상 그의 몫이 아니라는 듯
척척 새순을 걸치고 있다

* 황태를 매다는 통나무

물풍금

절개지 깊이 터지는 남포
텅텅거리는 두통 싸매고 강변에 선다
은모래 베고 물결이 털어놓는 속마음 들으면
고개 끄덕이는 갈대가 눈에 들고
겹겹이 쌓여 물때 걸러내는 낙엽들
삭아가는 가슴뼈도 보인다
저 속에 꽃피네,
얼마나 흘러야 저런 인연 맺을까
철 지난 수확 잊고 써레질할 수 있을까
숱한 돌팔매에도
벙글벙글 웃으며 건너오는 풍금소리
맥박 치는 저 푸른 음계들은
막아선 방죽 온몸으로 부딪다
멍울 짓물러 터진 꽃문양 아니겠는가
돌아가는 굽잇길마다
은구슬 쏟아내는 생생한 건반들
절개지 가득 퍼 담아
나, 한 음절쯤 곱게 치는 물풍금 되겠네

누구, 삽 좀 없소

고래의 눈물

수제비 같은 파도 떠먹다
등대는 끅끅 트림을 했다 안갯속에서
뒷간 염소가 쓸쓸한 눈빛 반짝이며
눈먼 배를 찾다 울던 장생포
선창에서 고래가 눈물 흘리는 날이면
사철나무 샛길로 아버지의 자전거가 달려오고
평상 가득 동네 웃음 다 모여 육회를 씹었다
포구의 비린 젖줄은 포기할 수 없는 그 무엇이
있었던가, 방파제 귀퉁이 쪼그려 우는 여자
저 눈물은 어떤 절망을 방면하고 있을까
노트에 수없이 의문부호 세운 밤
지남철에 소름끼치게 들러붙는 쇳가루같이
해체장 사람들과 잔 부딪치다
귀신고래 잠재운 핏빛 너울 짊어지고
쪽뜰에 덮인 달빛 밟으며 출렁출렁
돌아온 홀아비 포수 박씨 아저씨
파도소리 먹는 창호 문에 기대어 의족 닦을 때
대해를 부르는 두 줄기 뜨거운 손짓

보았다, 나는 양은솥에 수제비 뜨다가
두레 밥상 위 아끼던 필라멘트 그 얇은 귀가
허기진 소리 밝히는 불빛 너머
끓는 파도를 품고 솟아오르는 고래
고개 돌린 아버지 눈물을 끝내 보고 말았다

연탄재

불덩이가 벗어놓은 저 허물
열아홉 순정이 뜨거웠으리라
꽃불 한번 쥐어주면 기어이 놓지 않고
쟁여진 불씨 죄다 피워내는 당신
고생대 바람을 불러들여 방구들 데우고
곤한 몸에 단잠 떠먹이며
후대들이 끈질기게 진화해온 이야기
귀가 온통 뜨겁게 들었으리라
나무였던 전생을 꿈인 듯 돌아보며
화석으로 억만년 웅크렸다 잠깐 피운 꽃자리 품고
빈 몸 서로 기대어 사위어가는 마음 끝자리
식칼이 벌겋게 달아오르도록 찔러도
한사코 떨어질 줄 모르던 사랑아
아무리 뜨거워도 끝내 식어버린다만
아낌없이 태웠으니 흡족하리라
그러나 삼천 그램 불꽃으로
추운 손발 데워 주었어도 부족했다고
유약을 덮어쓰고 가마에서 용맹정진한 당신

매끈한 뼈대 숭숭 뚫린 구멍마다
꽃대를 키워 이젠 가슴까지 데워주네
가판대 앞에 백발노인의 발길을 불러 세우고
황량하게 걸어 잠근 마음의 문을
똑똑 두드리고 있네

모항

억척으로 비질하는 등대
저 간절함으로 회항하던 등뼈가 있었다
목선 끌어다 젖줄을 물리고
계선줄 조율하던 가장(家長)
등짝에 핀 소금꽃을 따는 빗발 속
신열 끓는 항구를 전전했다

산—410번지는 최후의 기항지
처마 끝 얼어붙은 비의 뿌리를 뽑던 누이
가녀린 팔이 축축한 연탄을 들면
해상크레인으로 불타는 태양을 하역하고 싶었다

작살에 꽂힌 난바다 내려다보면
덜컹거리는 창문에 붙박인 먼 불빛들
저 불빛 하나하나가 다 항구다
제상에 올릴 전 부치는 소리
지글지글 빗소리에 익은 가슴들이
촛대에 꽃불 심고 조아리는

장롱이 삐걱거리며 읽던 항해일지 갈피마다
뱃전을 채찍질하는 숨찬 항로
행간에 튀는 파랑이 음복술잔에 치솟으면
촉촉한 행성에서 반짝이던 아버지,
닻줄 둘러멘 어깨를 털고
지도에도 없는 항구의 질긴 인력 따라
선체를 소리 없이 이끌어간다

용접

평상에 누워 홍콩아가씨를 울먹인다
쉽게 정 붙이지 못해 불똥만 튀기는 사촌형
물이랑 찰랑거리는 까만 원피스
야간작업 내내 오르내리며 별빛을 찍었다
조각난 첫 순정 가슴 깊이 숨긴 형
소곤소곤 잘도 붙이는 틈새마다 매화를 치면
용접봉에 초롱초롱 매달리는 별
난생처음 쇳조각에 붙이다 뻥 구멍만 뚫어놓았다
충혈된 눈에 눈물이 넘치고
별은커녕 시린 눈꺼풀에 종일 이는 모래바람
고비를 넘는 노란 구도자만 보였다
몸 녹여 홀더를 잡는다는 형
찢어진 숙모 가슴은 끝내 붙이지도 못하고
물밑에서 배 밑창만 용접한다
끓어오르는 혈기 아낌없이 쏟아야
이미 벌어진 마음까지 더 뜨겁게 다잡을 수 있지
아무리 좋은 용접봉도 혜성을 번쩍여야
뾰로통한 틈새가 두말없이 붙는다며 별을 본다

가슴에 저런 용접봉 딱 하나만 있었어도,
뒤적이는 사진첩에 용접똥은 떨어지지 않을 텐데
눈으로나마 실금을 붙이는 중인지 연신 별똥이 떨어
진다
쩍쩍 갈라진 사진 속 숙모 품에 안긴 갓난아기가
새파란 울음 터뜨리다 자지러지는 꿈속
무수히 뻗은 잔가지마다 홍매화 몽글몽글 피어난다

석이(石耳)

귀를 파고든다 외줄에 매달린 숨찬 소리
순간 나도 모르게 두 손을 움켜쥐었다
화면에서 뛰쳐나온 소리가 근육을 팽팽 조이는 순간
채널을 바꿔버리는 미끈한 귀가 있었다
벼랑에서 추락을 무릅쓰던 석이꾼이 사라지고
볼멘소리가 귓불에 매달려 낑낑대고 있었다
가쁜 숨은 아직 귓바퀴를 맴도는데
오락프로에 달라붙은 귀는 웃음을 뜯어먹고 있었다

비명이나 허기진 소리는 멸종되었으면 하고
소리가 걸어오는 길을 닦는다

바싹 마른 귀를 한 움큼 쥐고
귓전에서 서성거리다 아쉽게 되돌아간 소리를 생각하네
암벽은 수천 귀를 한 세대만 쓰고 버린다는데
달랑 귀 두개로 얼마나 많은 소리를 돌려 세웠나
길바닥에 드러누운 신음을 생각하며

암벽에는 지금쯤 새 귀가 움틀 것이므로
이제 내 몸 깊이 묻으려는 헌 귀
제 몫을 다 못한 듯 냄비 속에서 부글부글 끓는다

못

1
장도리 앞에서는 절대
대가리 디밀지 마라
못 해 못 해, 기를 쓰고 해봐
결국 못은 뽑히고 말지

2
아무리 조심히 뽑아도
휘어지지 않는 못이 없고
휘어지는 만큼 자국이 남았다
나무 가슴에
탕탕 쳐댔던 혓바닥질
뽑아주길 애타게 기다리는
그러다 제 주먹으로 더 깊이 박게 했던 못
엑스레이로 볼 수도 없어
오직 체온으로 녹일 수밖에 없다
침 바른 못은 잘 안 빠진다는 걸 알면서
억지로 뽑다 더 찢어진 구멍

뜨거운 물을 붓고 아무리 주물러도
메우지 못했다

3
구름노루가 노는
백록담은 못을 뽑은 자국이다

최일성

오솔길

해질녘 가을
오솔길에 귀를 대고
발소리를 듣는다.
산짐승 울음이라도
들릴 듯한데
낙엽만
노을 그림자에 쌓이고 있다.
이런 날
사랑은 너무 멀어
애가 타는데
석양에 잠기는 산
그림자 속에
알밤 몇 개 툭툭
떨어지는 소리.

단풍

늦은 10월을 안고
산을 올랐다.
모두들 헐떡이며 오르는
정상이 아니라
낙엽같이 앙상한
오솔길을 찾았다.

정적을 태울 듯한
붉은 단풍들이 흔들리는
오솔길,
마지막 생을 태우는
저렇듯 우아한 열정은
어디서 오는 것일까.
우리들 삶도
저런 정열 덩어리를
숨겨두었다가
임종 무렵
꺼낼 수만 있다면

인생보다 더 아름다운 것이
어디 있으랴.

가을

낙엽이 타는
석양을 본다.
마음 끝 벼랑에 걸려
뒹굴던 이름들이
걸어나오는 저녁
밟혀 부서지는 낙엽보다
더 앙상한 그리움이
오솔길에 끓고 있다.
어쩌랴.
바람소리로 휘감기는
이 그리움들
만지면
복받치는 설움이
낙엽처럼 떨어질 것 같아
먼 산자락만 바라보는
빈 마음.

가을산행

뒤처지는 아내의 손을 잡다가
문득
가슴을 스쳐가는
상심한 가을바람을 만났다.
용케 버텨온 세월만큼이나
아팠을 저 가슴의 상처들이
낙엽이 되어
지천에 매달려 흔들리고 있다.
그래도 환하게 웃고 있는
이 순진한 아내의
위대한 관용,
불끈 팔에 힘을 주어본다.
부끄러워하는 것조차도
죄가 될 것 같아
헛기침을 하며 손을 당겨본다.
서걱거리는 낙엽 아래
숨고 있는 저 뻔뻔한
슬픔 덩어리 하나.

들꽃 5

너를 보고 있으면
전생의 인연들이
일어서는 것 같다.

이슬처럼 정갈하게
벙그는 꽃봉오리에
떨어지는
산새 우짖는 소리
옛 사랑의 눈물 같아
가슴 저리는 한낮

봄 햇살에도 부서질 것 같은
저 청초한 아름다운
설렘들이 떨리고 있다.

시계

공복(空腹)의
새벽에 멈춘 시계에는
꽃냄새가 난다.

공복(空腹)의
정오에 멈춘 시계에는
세상이 거꾸로 매달려있다.

공복(空腹)의
저녁에 멈춘 시계에는
공허 몇 덩이가 모여
소진(消盡)된 시간으로
끓고 있다.

낙화(落花) 아래서

슬픔을 아는가.
늦은 봄날 밤
칠흑같이 아득한
그리움 묻으며
한 줌 바람 앞에 떨고 있는
눈물 나는 슬픔을 보았는가?
떨어지는 꽃잎마다
부질없는 허영의 뿌리를 감아
우리들 삶의 한 부분을 허물고 있는
정연한 기운.

인연이란 단어를 허물어 본다.
이 단단한 껍질 속에서
만나는 허무가 낙화 같아서
눈물 나는 밤.
슬픔이란 긴 강(江)의 끝에서는
다시 꽃잎이 돌아
또 하나의 인연을 불러올 것을

이 밤 만나는
그리움.
삭이는 눈물마저도 부질없어
외로운 밤을
덮고 있는 꽃잎.

어느 날의 쉼터

산책로의 쉼터에서 매일 만나던
팔순이 넘었다던 노인이
며칠째 보이지 않더니
누군가가 그의 죽음을 들고 왔다.
아들에게
전 재산을 물려준 뒤 시작된
며느리 구박이 서러워
집을 나와 딸년 집에 얹혀산다던
그나마 편치않아
매일 쉼터를 찾는다던 노인,
돋보기 너머로
옛날 언문으로 쓰인 춘향전을
해어지도록 읽고 또 읽던 그의
외롭게 굽은 허리가
쉼터를 찾은 사람들의 입에서
살아나고 있었다.
그래도 몇 달간이라도
정이 들었던 노인들은

사는 것이 하룻밤 꿈만 같다며
왜 악착같이 살았는지 모르겠다며
소주를 들이키는데
약을 먹었다는 둥
실족사라는 둥 설왕설래하며
눈물을 훔치는 노인들의
붉은 눈자위가
저녁햇살에 반짝이고 있었다.

2012 변방 제27집
말의 질주는 푸르다

2012년 12월 17일 1판 1쇄 찍음
2012년 12월 20일 1판 1쇄 펴냄

지은이 _ 강세화·문 영·박정옥·박종해·배정희·신춘희·임 윤·장상관·최일성
펴낸이 _ 양동문
펴낸곳 _ 詩와에세이

신고번호 _ 제319-2005-000014호
주소 _ (120-865) 서울시 서대문구 북아현동 1-495 세방그랜빌 2층
대표전화 _ (02)324-7653, 070-8877-7653
팩시밀리 _ 0505-116-7653
휴대전화 _ (010)5355-7565
전자우편 _ sie2005@naver.com
공 급 처 _ 한국출판협동조합
주문전화 _ (070)7119-1741~2
팩시밀리 _ (031)944-8234~6

ISBN 978-89-92470-81-0 03810

* 이 책은 2012년 울산광역시 보조금을 지원 받아 출간되었습니다.